LE FILS

DE

MONSIEUR ALPHONSE

PARODIE EN UN ACTE

SERVIE EN TROIS PETITES TRANCHES

PAR MM.

A. CHAULIEU ET L. BATTAILLE

Représentée pour la première fois, le 17 janvier 1874, sur le Théâtre des VARIÉTÉS (Toulouse).

PARIS

L. BATHLOT
ÉDITEUR DE MUSIQUE
34, rue de l'Échiquier.

A. CORCIER
LIBRAIRE
9, Faubourg-du-Temple, 9

BARBRÉ, boulevard Saint-Martin, 12.

BRUXELLES.—J. BLANCHE, éditeur, rue de Loxum, 11

1874

LE FILS

DE

MONSIEUR ALPHONSE

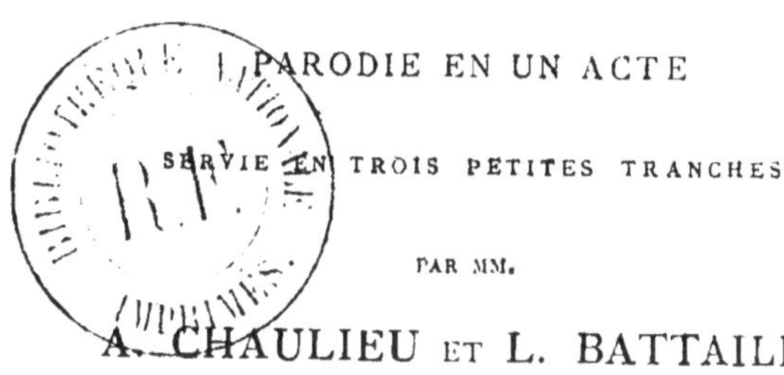

PARODIE EN UN ACTE

SERVIE EN TROIS PETITES TRANCHES

PAR MM.

A. CHAULIEU ET L. BATTAILLE

Représentée pour la première fois le 17 janvier 1874, sur le Théâtre des VARIÉTÉS (Toulouse).

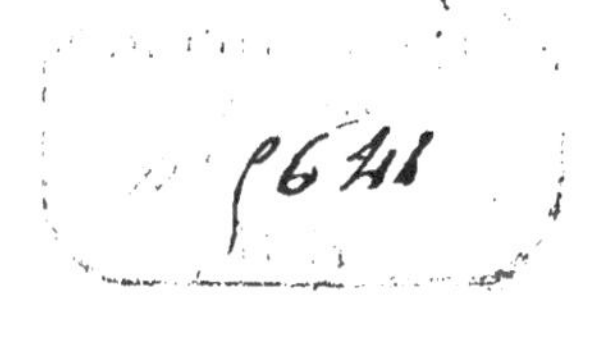

PARIS

L. BATHLOT
ÉDITEUR DE MUSIQUE
39, rue de l'Échiquier.

A. CORCIER
LIBRAIRE
9, Faubourg-du-Temple, 9.

BARBRÉ, boulevard Saint-Martin, 12.

BRUXELLES.—J. BLANCHE, éditeur, rue de Loxum, 11.

1874

PERSONNAGES

VABONTRAIN........ Conducteur du train de marée (Ligne de l'Ouest.)

GUSTAVE............ La fleur des pois (Son tic consiste à ne reconnaître ni ses torts, ni ses enfants).

UN CLERC OBSCUR... et de notaire.

POIVREAU........... Chauffeur de la compagnie de l'Ouest. (Gare Saint-Lazare.)

BIBI................... L'enfant de l'Amour. (Grand benêt de 17 ans.)

LA MÈRE MACHIN... Marchande de marée.

PERRUQUE-BLONDE. mère agitée, et femme de Vabontrain.

La scène se passe à Paris, chez Vabontrain, aux environs de la Halle.

Note pour les Directeurs de province : Cette pièce se joue sans aucun changement de décors et sans entr'actes.

LE FILS
DE MONSIEUR ALPHONSE

Salon bourgeois, décoré partout d'écailles d'huîtres. — Carapaces de homards, crevettes, etc., affectant les formes les plus diverses. Chaises. Table. Canapé.

Immédiatement après l'ouverture, un grand silence. — On entend frapper trois coups derrière le rideau; nouveau silence... puis trois coups plus faibles. — Le rideau se lève, et une voix sortant du trou du souffleur crie à pleins poumons : Comme au Gymnase.

SCÈNE PREMIÈRE

GUSTAVE, PERRUQUE-BLONDE.

Perruque-Blonde est assise à gauche, près de la table à ouvrage et brode; Gustave est assis près d'elle.

PERRUQUE-BLONDE.

Ainsi, vous allez vous marier ?

GUSTAVE.

Mais oui... On en parle dans le quartier.

PERRUQUE-BLONDE.

Et Bibi, que va-t-il devenir?

GUSTAVE.

Ce qu'il voudra.

PERRUQUE-BLONDE.

N'en parlons plus.

GUSTAVE *fait mine de remonter pour aller prendre son chapeau.*

C'est ça... n'en parlons plus... (*Se ravisant.*) Ou plutôt si..... parlons-en... (*Il redescend.*)... car j'ai besoin, après tout, de savoir sur quel pied danser... Je pourrais vous dire : Bibi, notre fils, est inscrit sur les registres de l'état civil, comme fils de père et de mère inconnus. Or, la recherche de la paternité étant interdite, je n'ai pas à m'occuper de Bibi. Je connais la loi et je la respecte... Voilà ce que je pourrais vous dire... mais il n'y aurait pas de pièce, et il faut qu'il y en ait une. J'aime mieux poser nettement la situation: Nous avons eu un enfant...

PERRUQUE-BLONDE.

Dans le temps.

GUSTAVE.

Le temps ne fait rien à la chose.

PERRUQUE-BLONDE.

Mais je ne vous aimais pas... j'étais jeune... j'étais folle... je n'avais pas d'expérience... je ne savais pas ce que je faisais.

GUSTAVE.

Passons .. Cet enfant, je l'ai fait élever à la campagne... à Bouzy-le-Têtu... il a fort bien poussé... je l'ai vu rarement... il ne sait pas qui je suis. Vous, il vous connait et vous appelle maman... Bibi a aujourd'hui dix-sept ans.

PERRUQUE-BLONDE, *rêveuse.*

Il y a dix-sept ans !...

GUSTAVE.

Dix-huit ans aux prunes !... cet enfant commence à s'ennuyer chez sa nourrice... il serait peut-être temps de le sevrer, que comptez-vous en faire?

PERRUQUE-BLONDE.

Cela vous regarde... c'est votre faute, après tout... vous seul êtes coupable...

GUSTAVE.

Et vous?

PERRUQUE-BLONDE.

Moi, j'étais jeune, j'étais folle... je ne savais pas...

GUSTAVE.

... Ce que vous faisiez... vous l'avez déjà dit... Ah ! je suis seul coupable... vous ferez difficilement avaler cela à l'opinion publique. L'enfant naturel est un délit qui réclame deux criminels... Je suis l'un, soit... mais il en faut un autre, et en cherchant bien...

PERRUQUE-BLONDE.

Mais enfin, Bibi...

GUSTAVE.

Voulez-vous donc que je fourre ce grand dadais dans la corbeille nuptiale... cela jetterait un froid à la signature du contrat...

PERRUQUE-BLONDE.

Je ne puis cependant prendre cet enfant ici... dans le domicile conjugal.

GUSTAVE.

Pourquoi pas?... mariée depuis trois ans au chef de train Vabontrain, votre union, comme disent les poètes, n'a pas été bénie des Dieux. vous n'avez pas d'héritiers.

PERRUQUE-BLONDE.

A qui la faute?...

GUSTAVE.

Je l'ignore... Votre époux est un vieil ami de ma famille: je lui explique la situation... sans vous nommer, bien entendu... je lui propose d'adopter Bibi... il accepte sans hésiter, et il se trouve ainsi avoir tout d'un coup les agréments de la paternité sans en avoir eu les... préoccupations... c'est simple, cela?

PERRUQUE-BLONDE.

Mais s'il apprend que je suis la mère?

GUSTAVE.

Il ne l'apprendra pas...

PERRUQUE-BLONDE, *avec énergie.*

Je ne veux pas tromper mon mari!...

GUSTAVE.

Dites que vous ne voulez *plus* le tromper... Après tout, allez... il n'y a que la première tromperie qui coûte.

PERRUQUE-BLONDE, *avec amertume.*

Ah! vous êtes la goutte d'absinthe qui trouble le miel de mon existence... Vous avez abusé de mon inexpérience... car vous le savez... j'étais jeune... j'étais folle...

GUSTAVE, *l'interrompant.*

Ce n'est pas pour vous le reprocher, mais vous l'avez déjà dit deux fois.

PERRUQUE-BLONDE.

Mon aïeul en mourut de chagrin.

GUSTAVE.

A quatre-vingt-dix-huit ans...

PERRUQUE-BLONDE.

Et ma tante?

GUSTAVE.

J'avoue qu'elle ne fut pas contente.

PERRUQUE-BLONDE.

Ah! si j'avais su...

GUSTAVE.

Ça, c'est la rengaîne de la fin... Si j'avais su!!... parbleu, si les souliers avaient des tiges, on les appellerait des bottes. Tenez, laissez-moi traiter l'affaire avec votre mari.. vous verrez que cela ira comme sur des roulettes, est-ce oui?...

PERRUQUE-BLONDE.

C'est non!...

GUSTAVE.

Alors je vais expédier Bibi en Cochinchine, train direct.

PERRUQUE-BLONDE.

Canaille !...

POIVREAU, *annonçant au fond.*

V'là l' conducteur! (*Gustave s'éloigne vivement et se place à l'autre bout du salon. — Musique d'entrée.*)

SCÈNE II

LES MÊMES, VABONTRAIN.

VABONTRAIN, *à Perruque-Blonde.*

Bonjour, mignonne... (*A Gustave.*) Ah! c'est toi, mauvais sujet, tu faisais la cour à ma femme?...

GUSTAVE.

Oh! conducteur... je lui faisais tout bonnement une proposition...

VABONTRAIN.

Honnête ? tu m'étonnes... Enfin... étale ta proposition...

GUSTAVE.

C'est que ce sont des affaires... délicates...

VABONTRAIN, *à sa femme.*

Va, chère amie, fais-moi voir si tu es bossue... (*A Gustave.*) Et toi... va ton train.

PERRUQUE-BLONDE, *rêveuse.*

Je sors. (*A part.*) En Cochinchine... ma foi, au petit bonheur!... (*A Vabontrain.*) Mon ami, je vais m'occuper de votre valise... Vous partez toujours ce soir?...

VABONTRAIN, *l'embrassant.*

A cinq heures. n'oublie pas mon gilet de flanelle...

PERRUQUE-BLONDE, *avec calme.*

Que vous êtes bon!... aussi je vous aime!...

VABONTRAIN.

Et moi donc..... Ah!... et des chaussettes blanches... Va. (*Musique de sortie.*)

SCÈNE III

GUSTAVE, VABONTRAIN.

GUSTAVE.

Je vais me marier...

VABONTRAIN.

Tu vas faire une bêtise... Quel âge a ta future?

GUSTAVE, *hésitant.*

...Trente-six ans.

VABONTRAIN.

Mettons-en quarante.

GUSTAVE.

On ne les lui donnerait pas...

VABONTRAIN.

Je connais ton adversaire?

GUSTAVE.

Oui... c'est la mère Machin... la riche marchande de poissons...

VABONTRAIN.

Tu te vends?

GUSTAVE

Moi!

VABONTRAIN.

Sans doute... elle a quarante-cinq ans.

GUSTAVE.

On ne les lui donnerait...

VABONTRAIN.

Marie-toi... tu peux devenir marchand de poissons... Qu'est-ce qui t'arrête?

GUSTAVE.

J'ai un enfant.

VABONTRAIN.

Avec la mère Machin?... Non!... Quel âge?...

GUSTAVE.

Dix-sept ans.

VABONTRAIN.

Et tu en as trente-trois... Bigre! tu n'as pas perdu de temps.

GUSTAVE.

J'ai été entraîné.

VABONTRAIN.

Et la mère?

GUSTAVE.

A été entraînée aussi.

VABONTRAIN.

Alors, c'est un entraînement mutuel. Où est-elle?

GUSTAVE.

Morte.

VABONTRAIN.

Elle a été entraînée plus loin que toi... Pourquoi ne l'as-tu pas épousée?

GUSTAVE.

Je n'y ai pas pensé... et puis... elle était mariée...

VABONTRAIN.

C'est une raison. Pourquoi n'avoues-tu pas la chose à la mère Machin...

GUSTAVE.

Jamais!... elle serait dans le cas de rompre.

VABONTRAIN.

Mais elle t'aime.

GUSTAVE.

Trop. Elle en est embêtante.

VABONTRAIN.

En mariage, elle t'apporte sa fortune... apporte-lui ton enfant... au moins tu lui apporteras quelque chose.

GUSTAVE.

Impossible!... Elle est si jalouse.

VABONTRAIN.

Dame, mon cher, quand on est l'amant d'une femme de cinquante ans...

GUSTAVE, *s'écriant.*

On ne les lui donnerait pas...

VABONTRAIN.

Tu es son obligé...

GUSTAVE.

Oh! conducteur...

VABONTRAIN.

Elle était cuisinière... chez un homme seul...

GUSTAVE.

Mais il l'a épousée...

VABONTRAIN.

Au treizième arrondissement...

GUSTAVE.

Depuis l'annexion...

VABONTRAIN.

Tu aimes ton enfant?

GUSTAVE.

Comme un imbécile?... Je l'ai vu trois fois...

VABONTRAIN.

En dix-sept ans... diable.,. Et il t'appelle papa...

GUSTAVE.

Non... on ne me connaît chez sa nourrice que sous le nom de M. Alphonse.

VABONTRAIN.

Eh bien! que veux-tu?

GUSTAVE.

Mon Dieu, une chose bien simple : me débarrasser de ma progéniture à votre profit... je vous l'ai dit, avouer la situation à la mère Machin, c'est faire rater mon mariage. Vous, vous n'avez pas d'enfant!... ça vous en fera un. Pendant vos longues et nombreuses absences... votre femme est seule... ça la distraira... En voulez-vous ?

VABONTRAIN.

Écoute...

GUSTAVE.

Oh! pas de conseil, hein?... c'est un service que je vous demande... oui ou non, voulez-vous me le rendre?

VABONTRAIN.

Tu peux bien m'écouter cinq minutes.

GUSTAVE, *tirant sa montre.*

Je suis tout ouïes !

VABONTRAIN.

Je ne sais pas si j'ai le droit de te parler comme je vais le faire... en tout cas je le prends... car j'éprouve le besoin de te faire une petite tirade philosophique... ça ne me conduira peut-être pas à l'Académie, mais enfin on ne sait pas... Donc, tu es le fils d'un vieil ami, mais je te méprise profondément. (*Ils se donnent une poignée de mains.*) Tu vas épouser une femme qui, par son âge, pourrait être ta mère.

GUSTAVE.

On ne les lui donnerait pas...

VABONTRAIN.

C'est pour sa fortune que tu la prends... Ce n'est pas une femme que tu épouses, c'est un solde... Tu ressembles à ces gandins véreux qui achètent au Temple une défroque d'occasion... Ce n'est pas un mariage que tu fais... c'est une affaire.

GUSTAVE.

Eh bien, vrai... je vous trouve charmant... vous valez votre pesant de verre cassé... Ah! je fais une affaire? Ah ! ça, que font donc la plupart des gens qui se marient?... des affaires, c'est connu... Est-ce que les belles dots n'ont pas toujours tiré l'œil des célibataires? Est-ce qu'on n'a pas toujours supputé les espérances, comme on dit en terme de contrat, c'est-à-dire ce que les beau-père ou belle-mère, oncle ou tante, laisseront à leur fille ou à leur nièce, quand ils se décideront à aller arracher les fraisiers par la racine... Qui donc a jamais pensé à leur en faire un crime ou à leur retirer sa considération?... Personne... La mère Machin est dans une position régulière... elle est veuve, elle a le sac... et veut convoler... quoi de plus naturel... Voulez-vous la condamner au veuvage à perpétuité... Allons donc! Les veuves, chacun le sait, sont comme le bois vert qu'on met au feu... ça pleure par un bout... mais ça brûle par l'autre... et la mère Machin brûle pour moi...

Allons, allons, grand réformateur de mœurs... un peu d'indulgence, que diable! Je ne suis pas cynique... je suis de mon siècle et j'en conviens, voilà tout... Et, d'ailleurs, si ce que je fais est mal, pourquoi la loi le permet-elle?

VABONTRAIN.

Si tu causes tout seul, tu auras toujours raison... repasse-moi le crachoir... Je reprends ma petite tirade : tu as fait un enfant, par conséquent, une bêtise... Je sais bien que tu me diras avec ta logique ordinaire que ces bêtises-là perpétuent l'espèce humaine...... que sans bêtises le monde finirait bientôt, ;—mais la Providence qui veille sur tous les imbéciles a voulu, dans sa bonté, que celui qui ne fait pas de bêtises pût être utile à celui qui en fait; —moi, par exemple... elle a décidé, dans sa sagesse, que toutes les bêtises seraient réparties d'une façon rationnelle entre tous les ayants droit. C'est pourquoi je ne peux pas t'en vouloir d'avoir fait des bêtises... moi qui n'en ai pas fait... et qui à ta place en aurais peut-être fait davantage, mais tout cela c'est des bêtises... Ce que je te dis ne te fera peut-être pas de bien... mais ça ne te fera pas de mal... ainsi, mon garçon, c'est entendu, amène ta bêtise... va chercher ton fils.

GUSTAVE.

J'avais prévu votre réponse et j'ai déposé Bibi chez le marchand de vin du coin... Je vous demande deux minutes. (*Musique de sortie.*)

SCÈNE IV

VABONTRAIN, PERRUQUE-BLONDE.

VABONTRAIN.

Je ne suis pas fâché de lui avoir dit cela. (*A sa femme qui entre.*) Eh bien, tu sais, j'ai consenti... il est allé chercher son fils.

PERRUQUE-BLONDE, *l'embrassant.*

Que vous êtes bon et que je vous aime!... Votre gilet de flanelle et vos chaussettes sont dans la valise avec le chocolat.

VABONTRAIN.

Merci!... J'ai pensé que cet enfant te ferait une société, tu es seule toutes les nuits, mon service pour le train me réclame.

PERRUQUE-BLONDE.

Oui... seule toutes les nuits, mais je vous aime tout de même.

VABONTRAIN.

Sans doute... tu m'aimes quand je suis près de toi... mais quand je suis loin...

PERRUQUE-BLONDE.

Je vous aime encore plus de loin.

VABONTRAIN.

Tu es un ange!

PERRUQUE-BLONDE.

Vous deviez partir à cinq heures? Envoyez la compagnie de l'Ouest à la balançoire et ne partez pas.

VABONTRAIN.

Y songes-tu?... (*Musique de scène.*) Mais c'est mon existence à moi, ce train de marée... Tu ne sais donc pas quelle poésie étrange existe dans ces bourriches d'huîtres et dans ces paniers de moules, mes compagnons de route; mais ces habitants de la mer sont pour moi autant de joyeux camarades qui adoucissent les ennuis de mes longs voyages... tout cela vit... tout cela meurt... tout cela sent!... Pendant que la vapeur siffle et que les wagons roulent, les soles me redisent leurs souffrances, le merlan me raconte ses amours... le hareng me passionne et la morue me fait pleurer... Ah! combien cela élève l'âme et rend l'homme meilleur. Je ne suis pas sceptique et je crois qu'un jour nous nous reverrons tous là-haut... Je ne désire qu'une chose... c'est de m'y voir près de toi... entouré de tous mes anciens compagnons de route... débarquant comme le matelot, après une longue traversée, et salué par ce cri qui retentit tous les matins à mes oreilles : Il arrive! il arrive! il arrive!

PERRUQUE-BLONDE, *enthousiasmée.*

Ah! que c'est beau, la poésie!...

VABONTRAIN.

Oui, et puis ça ne fait de mal à personne.

(*Fin de la musique sur un forte.*)

SCÈNE V

Les MÊMES, GUSTAVE, BIBI.

GUSTAVE.

Voilà l'enfant. (*A Bibi.*) Dites bonjour au monsieur.

BIBI, *niaisement* (1).

Bonjour, Monsieur.

GUSTAVE.

Dites bonjour à la dame.

(1) Bibi est habillé comme un petit garçon de quatre ans — pantalon court, les jambes nues.

BIBI, *niaisement.*

Est-ce que je la connais, moi, cette dame?

GUSTAVE.

Dites bonjour tout de même à madame, petit idiot. (*Bas.*) Tu auras un sou.

BIBI.

Bonjour, Madame, petit idiot... (*A Gustave.*) Donne, moi le sou. (*Gustave le lui donne.*)

VABONTRAIN.

Il est charmant!... un peu grand... Sa mère aura eu un regard au Jardin des Plantes, du temps de la girafe.

PERRUQUE-BLONDE, *très émue.*

Tais-toi, mon cœur!

VABONTRAIN, *à Bibi.*

Dis donc, mon ami, veux-tu rester avec nous?

BIBI.

Mange-t-on de l'andouille?

VABONTRAIN.

Trois fois par semaine.

BIBI.

Oh! alors je veux bien...

VABONTRAIN.

Tu aimeras bien madame!

BIBI.

Madame? oh! oui... elle a une bonne tête... mais j'aime mieux l'andouille.

PERRUQUE-BLONDE, *à part.*

Quel cœur!

VABONTRAIN

Et monsieur... le connais-tu?

BIBI.

Ça, c'est monsieur Alphonse.

VABONTRAIN.

L'aimes-tu?

BIBI.

Puisque je vous dis que j'aime l'andouille.

GUSTAVE, *à Vabontrain.*

Il m'adore.

VABONTRAIN.

Il est ravissant... seulement chez lui l'andouille domine ..

GUSTAVE.

Que voulez-vous, c'est avec ce principe-là qu'on l'a nourri.

VABONTRAIN.

Tu l'as vu souvent, ce monsieur-là?...

BIBI.

Oh! je crois bien... trois fois... Chaque fois qu'il venait me voir... au bout de cinq minutes, il se levait en disant : Il faut que je me tire les bottes pour Vaugirard... et jamais il n'a apporté d'andouille...

GUSTAVE.

Si... si... la première fois... (*A part.*) Lui.

VABONTRAIN.

Il est étourdissant! nous le gardons! (*A Gustave.*) Tu n'as que celui-là?... C'est malheureux, si tu en avais eu d'autres... tu aurais pu les apporter... Tu dînes avec nous?

GUSTAVE.

Impossible, il faut que j'aille à Vaugirard.

BIBI.

Là... qu'est-ce que je disais?

VABONTRAIN.

L'omnibus ne passe que dans cinq minutes... Allons prendre quelque chose en face.

GUSTAVE.

Et Bibi?

VABONTRAIN.

Je le laisse avec ma femme... tu sais, les enfants... ça ne me regarde pas... je ne m'en mêle jamais.

GUSTAVE.

Moi... c'est le contraire.

VABONTRAIN, *lui donnant une tape sur le ventre.*)

Ah! farceur! (*Ils sortent. — Musique de sortie.*)

SCÈNE VI

BIBI, PERRUQUE-BLONDE.

BIBI, *s'élançant au cou de Perruque-Blonde.*

Maman! ah! maman! crois-tu que j'ai bien joué mon rôle... Ils ont joliment avalé mon andouille.

PERRUQUE-BLONDE.

Enfin, te voilà... nous ne nous quitterons plus.

BIBI.

Jami d' la vais! Jamais de la vie.

PERRUQUE-BLONDE, *l'entraînant sur le fauteuil où elle s'asseoit.*

Mais viens donc sur mes genoux, que je te berce comme dans le temps.

BIBI, *s'asseyant sur ses genoux.*

Si je te fatigue, tu me le diras.

PERRUQUE-BLONDE, *le contemplant.*

Qu'il est beau! qu'il est noble!.. quelle main!

BIBI, *avec orgueil.*

Si tu voyais mes pieds!

PERRUQUE-BLONDE.

Désormais, vois-tu, rien ne nous séparera plus !...

BIBI, *avec sentiment.*

Nous allons nous la couler douce.

PERRUQUE-BLONDE.

J'ai fait mettre ton berceau près de ma chambre... je laisserai la porte ouverte.

BIBI.

Quelle chance! nous pourrons nous regarder dormir... et le premier éveillé ira dire l'heure à l'autre... Quelle chance!

PERRUQUE-BLONDE.

Mais, tiens-toi donc tranquille.

BIBI.

Si je te fatigue, tu sais, ne te gêne pas.... Attends que je me mouche... (*Il tire son mouchoir.*)

PERRUQUE-BLONDE.

Non, moi.

BIBI.

Non, moi.

PERRUQUE-BLONDE.

Non, moi. (*Lui tenant son mouchoir.*) Souffle. (*Bibi exécute, l'embrassant.*) Cher ange!

BIBI, *apercevant Poivreau qui entre.*

Oh! quelqu'un!... (*Il se remet vivement sur pied.*)

POIVREAU.

C'est une dame qui désire parler à la bourgeoise.

PERRUQUE-BLONDE.

Faites entrer... (*Poivreau sort A Bibi.*) Va te coucher et tiens-toi les pieds chauds.

BIBI.

Oh! je ne les sens pas.

PERRUQUE-BLONDE.

Ah! tant mieux!

BIBI, *l'embrassant.*

A tout à l'heure, maman, à tout à l'heure. (*Il sort en lui envoyant des baisers. — Musique de sortie.*)

SCÈNE VII

PERRUQUE-BLONDE, LA MÈRE MACHIN.

LA MÈRE MACHIN, *à laquelle Poivreau ouvre la porte en lui désignant Perruque-Blonde.*

Bonjour la société.., Gustave n'est pas là?

PERRUQUE-BLONDE, *interloquée.*

Pardon, Madame...

LA MÈRE MACHIN.

Ah ben, en voilà une histoire!... il peut se vanter de me faire courir, celui-là... avec ça, j'ai le talon de ma bottine dans l'estomac... Ah! le gredin! (*Elle s'assied. Perruque-Blonde la regarde stupéfaite.*) Vous permettez?... Asseyez-vous donc aussi... ne vous gênez pas... je vais me mettre à mon aise... (*Elle commence à dégrafer son corsage.*) Non, voyons, blague à part, Gustave n'est pas ici?... (*Elle se lève.*)

PERRUQUE-BLONDE.

Il est sorti avec mon mari... il nous a dit qu'il allait à Vaugirard... Je vais faire appeler monsieur Vabontrain...

LA MÈRE MACHIN.

Pas la peine... (*Elle se rassied.*) Est-ce qu'il vient souvent ici, Gustave?

PERRUQUE-BLONDE, *embarrassée.*

Dame!

LA MÈRE MACHIN.

Oh! je ne suis pas jalouse de vous... Gustave m'a dit que vous étiez la crème des femmes. (*Mouvement de Perruque-Blonde.*) Ah! faut pas vous fâcher pour çà... des honnêtes femmes, on n'en trouve pas à remuer à la pelle... Moi, voyez-vous, je suis jalouse... comme un rat mort. Vous ne l'êtes pas, vous?... ça dépend du tempérament et de la nourriture.

PERRUQUE-BLONDE.

Mais, Madame...

LA MÈRE MACHIN.

Ah! c'est juste... que je suis bête!... je ne vous ai pas encore dit qui je suis... C'est moi, la mère Machin... celle que Gustave va épouser... il ne vous a pas dit...

PERRUQUE-BLONDE.

Mais, monsieur Gustave...

LA MÈRE MACHIN.

Est-ce qu'il me fait des traits... Allons, voyons... si vous savez quelque chose, dites-le-moi... entre femmes... entre faibles femmes... il faut bien se soutenir... Je saurais que votre mari est un cascadeur... je vous le dirais... l'esprit de corps avant tout.

PERRUQUE-BLONDE.

Puisque monsieur Gustave va vous épouser... c'est qu'il vous aime...

LA MÈRE MACHIN.

Hum! ça dépend... il y a des jours... c'est que je ne suis

plus tout à fait de la première jeunesse... Pourquoi que vous rigolez?... Je suis de la seconde, voilà tout... puisqu'il n'y en a pas de troisième, mais le cœur est resté jeune... C'est pas pour me vanter... mais, chez moi, je puis dire qu'il y a de ça... et puis, enfin, voyons, je ne suis pas encore trop décatie... et puis, j'ai le sac...

PERRUQUE-BLONDE.

Vous m'en direz tant...

LA MÈRE MACHIN.

Gustave sait bien que je ne suis pas une demoiselle, mais je l'ai été... dans le temps... Oh! je ne lui ai rien caché... j'ai tout avoué, mais là, tout... tout, même les petites bêtises... je lui ai fait ma confession... cela a duré deux jours et trois nuits. Je ne lui ai pas vendu chat en poche... c'était à prendre ou à laisser... Il a dit oui, cela ne me regarde plus... c'est son affaire, qu'il se débarbouille... Seulement il me fait des cachotteries... il est venu ici en catimini... et puis... il a un enfant...

PERRUQUE-BLONDE.

Ah! il vous a dit...

LA MÈRE MACHIN, *se levant.*

Lui?... Rien du tout... il est menteur comme un prospectus... Devant lui, j'ai l'air d'avoir confiance... mais derrière... je le fais suivre... J'ai découvert le pot aux roses... il a un fils...

PERRUQUE-BLONDE.

A lui?...

LA MÈRE MACHIN.

Parbleu!... à moins qu'il ne l'ait emprunté au Grand-Turc... il dit que c'est le fils d'un ami... Chaleur, mon président, c'est une craque... Mais c'est la mère que je cherche... car enfin cet enfant-là doit avoir une mère... il n'est pas venu au monde tout seul... je veux connaître la mère et je la connaîtrai... On a bien découvert l'Amérique... je découvrirai bien la mère de ce gosse-là... et s'il y est pour quelque chose... gare là-dessous... quelle tripotée, je ne vous dis que ça!...

PERRUQUE-BLONDE, *effrayée.*

Ah! mon Dieu!...

LA MÈRE MACHIN.

Oh! n'ayez pas peur... je sais bien que ce n'est pas vous, allez... (*Elle s'assied.*) Je vous demanderai la permission de reposer ma tête...

PERRUQUE-BLONDE.

Je vais aller chercher mon mari...

LA MÈRE MACHIN.

Je suis inquiète... j'ai passé toute la nuit à courir après Gustave, sur un vélocipède...

PERRUQUE-BLONDE.

Toute seule ?

LA MÈRE MACHIN.

Naturellement ! (*Elle se relève.*) Hier au soir, Gustave sort de chez moi à minuit... parce que vous comprenez... avant le mariage... Il n'était pas parti depuis cinq minutes... un pressentiment... je me lève, je m'habille quatre à quatre et je file chez lui... Personne... Bon, je me dis, toi Eugène, je vais te pincer... Je savais par mes espions qu'il allait quelquefois à Bouzy-le-Têtu pour l'enfant... je prends mon pas gymnastique jusqu'à la gare Saint-Lazare... le train de minuit quarante-cinq... Gustave prenait son billet. J'aurais pu me mettre en travers pour l'empêcher de partir, mais je réfléchis : mauvais moyen, je ne saurai rien. Saturnin; d'un autre côté, je me dis, si je prends le même train, il me verra et fera du chabanais, des petits panais... et c'était le dernier départ. Tout à coup, j'aperçois chez le marchand de vin d'en face un vélocipède arrêté à la porte; ça n'est pas pour me vanter, mais j'en pince assez agréablement... je le loue pour vingt-quatre heures, je l'enfourche, pensant qu'avec un peu de vigueur dans les tibias, j'arriverais aussi vite que lui ; j'enfile le boulevard Haussmann, le rond-point de l'Étoile, et je dégringole l'avenue de la Grande-Armée avec une vitesse de dix lieues à l'heure... lorsque, patatras, à la barrière, on m'arrête... j'avais oublié d'allumer ma lanterne... j'allume, je me remets en selle et je repars à fond de train... Pas de chance au bilboquet, à Courbevoie je me casse la roue de derrière et je tombe dessus... heureusement l'appareil était solide... je le rafistole de mon mieux... et je reprends ma course vertigineuse... Enfin je déboule comme une avalanche à Bouzy-le-Têtu,.. le train était en gare depuis cinquante minutes... Gustave avait emmené le moutard à l'hôtel... restait à savoir lequel...

PERRUQUE-BLONDE.

C'était difficile...

LA MÈRE MACHIN.

D'autant plus difficile qu'il n'en existe qu'un seul...

PERRUQUE-BLONDE.

C'était peut-être celui-là.

LA MÈRE MACHIN.

Pour ne rien laisser au hasard, je me poste avec mon vélocipède à l'entrée du village, près de la gare... et je me dis: demain matin, il faudra bien qu'il sorte, je le verrai... Je m'installe le plus commodément possible sur mon quadrupède à roulettes, et j'attends... A huit heures, il paraît avec le marmot... je fais tourner la manivelle et en route pour Paris; cette fois j'étais en avance de dix minutes sur le chemin de fer... Je guette l'arrivée du train, l'animal n'était pas dedans, il avait pris la ceinture à Batignolles... j'étais flouée... Tout à coup je me rappelle qu'il doit venir ici, je remonte en selle et me voilà; seulement je vous avouerai que je commence à en avoir plein le dos... (*Elle se rassied.*)

PERRUQUE-BLONDE.

Je vais vous envoyer mon mari.

LA MÈRE MACHIN.

Dites donc, sans cérémonie, est-ce que vous ne pourriez pas aussi me faire monter un bock... j'ai la pépie... et un coussin, parce que j'ai la tête un peu lourde.

PERRUQUE-BLONDE, *saluant.*

Madame!

LA MÈRE MACHIN, *se levant.*

Mèdème! (*Perruque-Blonde sort. — Musique jusqu'à la fin de l'acte.*)

SCÈNE VIII

LA MÈRE MACHIN, *puis*, POIVREAU.

LA MÈRE MACHIN.

Il est ici... je l'attends. (*Elle s'assied.*)

POIVREAU, *apportant sur un plateau une canette de bière et un verre.*

Madame,.. c'est une canette, qu'entre vos mains l'on m'a dit de remettre. (*Il pose le plateau.*)

LA MÈRE MACHIN, *versant et buvant avidement un grand verre de bière.*

Ah! tu me sauves l'existence... (*Poivreau lui donne un coussin qu'elle place sur sa chaise.*) et l'honneur... (*Voyant Poivreau qui s'éloigne.*) Veux-tu boire un coup? mon garçon...

POIVREAU, *confus.*

Madame...

LA MÈRE MACHIN.

Tiens, tu n'as apporté qu'un verre?... (*Elle verse à boire.*) Bois dans le mien...

POIVREAU, *de plus en plus confus.*

Oh! Madame.

LA MÈRE MACHIN, *lui tendant le verre.*

Bois donc, va, n'aie pas peur... je n'ai pas la gale. (*Poivreau boit.*)

RIDEAU.

DEUXIÈME TRANCHE

SCÈNE IX

Après quelques mesures la musique s'arrête.

LA MÈRE MACHIN, VABONTRAIN.

(*A peine le rideau est-il baissé qu'on frappe trois grands coups, puis trois coups plus faibles. Le rideau se lève. Une voix sortant du trou du souffleur crie :* Toujours comme au Gymnase ! — *Le rideau se relève sur le même decor.*)

LA MÈRE MACHIN *est assoupie, elle tient à la main le* Constitutionnel... *sur la table il y a une dizaine de canettes et sept à huit bocks vides.*

POIVREAU, *ouvrant la porte du fond et annonçant.*

Vl'a l' conducteur ! (*La Mère Machin se réveille en sursaut. Musique d'entrée.*)

POIVREAU *enlève les canettes et les verres, et sort.*

VABONTRAIN.

Que désire madame ?

LA MÈRE MACHIN.

Gustave...

VABONTRAIN.

A Chaillot.,. c'est-à-dire non, à Vaugirard.

LA MÈRE MACHIN.

Allonc donc, est-ce que vous savez raconter des blagues, vous ?

VABONTRAIN.

Mais...

LA MÈRE MACHIN.

Pas votre spécialité... pas assez fort, mon bonhomme.

VABONTRAIN.

Mais cependant...

LA MÈRE MACHIN.

Votre femme a été vous prévenir... Gustave m'a reconnue au signalement, il vous a envoyé en avant pour composer une petite histoire... Tenez, je parie qu'il est là derrière une porte, et qu'il nous écoute, le fouinard... (*Elle va ouvrir la porte de droite, on voit Gustave dans l'attitude d'une dersonne qui écoute et se relève vivement.*) Allons ! ici tout de suite, ici, fouinard. (*Musique.*)

SCÈNE X

LES MÊMES, GUSTAVE.

GUSTAVE.

Qu'est-ce qu'il y a encore?

LA MÈRE MACHIN.

Vous voyez bien qu'il n'était pas à Chaillot.

GUSTAVE.

J'en arrive.

VABONTRAIN.

Il en a l'air.

GUSTAVE.

Enfin, qu'est-ce que vous voulez?

LA MÈRE MACHIN.

Expliquons-nous, abats ton jeu.

VABONTRAIN.

Pardon, je vous laisse.

LA MÈRE MACHIN.

Oh ! vous n'êtes pas de trop, je ne crains rien, moi.

VABONTRAIN.

Expliquez-vous et tâchez de vous entendre si c'est possible... (*A Gustave en sortant.*) Mes compliments... Elle est très rigolotte... (*Il sort. — Musique de sortie.*)

SCÈNE XI

GUSTAVE, LA MÈRE MACHIN.

LA MÈRE MACHIN.

Eh bien?

GUSTAVE.

Eh bien?

LA MÈRE MACHIN.

Tu as un enfant... pourquoi ne me l'as-tu pas dit?

GUSTAVE.

Je l'avais oublié.

LA MÈRE MACHIN.

Eh bien?

GUSTAVE.

Eh bien ?

LA MÈRE MACHIN.

Et la mère... car il y a une mère... n'est-ce pas?

GUSTAVE.

Il y a apparence.

LA MÈRE MACHIN.

C'était une femme... chic?

GUSTAVE.

Très chic!

LA MÈRE MACHIN.

Tu étais toqué d'elle?...

GUSTAVE.

On n'a jamais pu savoir.

LA MÈRE MACHIN.

Tu l'as connue longtemps?

GUSTAVE.

Jusqu'à sa fin.

LA MÈRE MACHIN.

Ah!... elle est... là-haut?

GUSTAVE.

Yès!

LA MÈRE MACHIN,

Depuis quand?

GUSTAVE.

Depuis vingt ans.

LA MÈRE MACHIN.

Avant la naissance de son fils, alors?

GUSTAVE.

Oui.

LA MÈRE MACHIN.

Pourquoi m'as-tu dit que c'était le fils d'un ami qui t'avait chargé de veiller sur lui?

GUSTAVE.

Parce que c'est la vérité.

LA MÈRE MACHIN.

Ta parole d'honneur?

GUSTAVE.

Ma parole d'honneur!

LA MÈRE MACHIN.

Blagueur, va!... Eh bien?...

GUSTAVE.

Eh bien?

LA MÈRE MACHIN.

Viens m'embrasser.

GUSTAVE.

Ah! non... à la fin, j'en ai assez... C'est vrai, vous êtes trop jalouse... ça tourne au crampon... tout le temps sur mes talons... si j'entre au café, cinq minutes après vous venez m'y retrouver.

LA MÈRE MACHIN.

Je t'aime!

GUSTAVE.

Si je m'arrête sur le boulevard, pour n'importe quoi, v'lan, vous voilà derrière moi.

LA MÈRE MACHIN.

Je t'aime !

GUSTAVE.

Ici même, vous faites un esclandre ridicule, chez des gens que vous ne connaissez pas...

LA MÈRE MACHIN.

Je t'aime !...

GUSTAVE.

En voilà assez... restons-en là... Quittons-nous... tout le monde me blague... à la fin ça me rase... (*Faisant mine de sortir.*) Adieu.

LA MÈRE MACHIN.

Oh ! comme tu es roué... tu me dis tout cela parce que tu sais que je te gobe... Eh bien, écoute, je prendrai ton fils... car c'est ton fils...

GUSTAVE.

Mais...

LA MÈRE MACHIN.

Est-ce que tu me prends pour une huître... C'est ton fils.. non ?... regarde-moi donc dans le blanc des yeux...

GUSTAVE.

Eh bien... oui... après?

LA MÈRE MACHIN.

Nous le déclarerons comme de nous deux... J'aurais préféré avoir l'agrément d'être sa vraie mère... mais ce qui est fait est fait... nous ne pouvons pas le refaire.

GUSTAVE.

Malheureusement... mais c'est impossible...

LA MÈRE MACHIN.

Impossible?... pourquoi ça?

GUSTAVE.

Je viens d'en faire cadeau, il n'y a pas cinq minutes, à Vabontrain et à sa femme.

LA MÈRE MACHIN.

Reprends-le.

GUSTAVE.

Cela ne serait pas convenable. On ne reprend pas ce qu'on donne... Voyons, quand vous donnez un parapluie à un ami, est-ce que vous allez le lui reprendre?

LA MÈRE MACHIN.

Parfaitement, quand il pleut, et Bibi m'a plu.

GUSTAVE.

Je ne ferai pas cela.

LA MÈRE MACHIN.

Aimes-tu mieux que ce soit moi ?

GUSTAVE.

Oh non ! soit, j'aurai l'enfant.

LA MÈRE MACHIN.

Oh ! n'aie pas peur, il ne sera pas malheureux avec moi. Nous en ferons un avocat, ça mène à tout et à autre chose. (*Elle va s'asseoir.*) Mais viens donc t'asseoir auprès de moi... Comme tu es beau... tu as des yeux, des mains, des pieds... oh non ! vois-tu, il n'y en a pas deux comme toi... Dire que c'est mon homme, à moi !.. ah ! décidément, j'ai de la veine.

GUSTAVE.

A la bonne heure... Je vous aime mieux comme cela.

LA MÈRE MACHIN.

Oh ! je ne serai plus jalouse, va !

GUSTAVE.

Vous ferez bien. Est-ce que je le suis, moi...

LA MÈRE MACHIN.

Pas encore, mais tu le deviendras peut-être...Pourquoi m'as-tu dit que j'étais la première femme que tu aimais ?

GUSTAVE.

C'était pour animer la conversation.

LA MÈRE MACHIN.

Tu me le diras encore... je ferai semblant de te croire, c'est aussi bon... Tu dînes ici ?

GUSTAVE.

Oui.

LA MÈRE MACHIN.

Je vais me dépêcher... je reviendrai manger la soupe avec vous.

GUSTAVE, *embarrassé.*

C'est qu'on ne vous a pas invitée.

LA MÈRE MACHIN.

Oh ! tu sais, sans cérémonie... je mangerai dans ton assiette... J'ai une course importante à faire, je te raconterai tout en revenant. (*Fausse sortie.*) C'est-y-bête, j'étais venue avec l'intention de t'arracher les yeux, et voilà que... (*Elle l'embrasse.*) Ah ! que les femmes sont godiches... celles qui aiment surtout...Tiens, je m'en vais, parce que tout à l'heure je sens que je ne pourrais plus partir, et... nous ne sommes pas chez nous... A tout à l'heure. (*Elle sort et revient aussitôt.*) Tu sais, je te gobe. (*Sortant.*) Je sais ce qu'il me reste à faire. (*Musique de sortie.*)

SCÈNE XII

GUSTAVE, *puis* PERRUQUE-BLONDE.

GUSTAVE.

Ouf!... il me faut Bibi... (*Voyant entrer Perruque-Blonde.*) Elle!

PERRUQUE-BLONDE.

L'enfant dort.

GUSTAVE.

Réveillez-le... je vais l'emmener.

PERRUQUE-BLONDE.

Vous dites?

GUSTAVE.

Je vais l'emmener... ma femme consent à s'en charger... elle sait qu'il est mon fils.

PERRUQUE-BLONDE.

Et que je suis sa mère?...

GUSTAVE.

Non... ce secret n'est pas le mien.

PERRUQUE-BLONDE.

Vous n'aurez pas Bibi.

GUSTAVE.

Mais...

PERRUQUE-BLONDE.

Je ne veux pas qu'elle apprenne à vendre du hareng à Bibi.

GUSTAVE.

Il me le faut!...

PERRUQUE-BLONDE.

Vous ne l'aurez pas!... Ah! vous me le rapportez et vous croyez que je vais vous le rendre... Quand vous l'aviez, il fallait le garder, voilà tout... D'ailleurs, je suis décidée à tout, à tout, à tout.

GUSTAVE.

C'est du pique.

PERRUQUE-BLONDE.

Bibi ne me quittera pas!..

GUSTAVE.

Je vais aller le demander à votre mari. (*Il sort. Musique de scène jusqu'à la fin de l'acte.*)

PERRUQUE-BLONDE.

Malédiction!... Cet homme me fera donc toujours souffrir. (*Elle tombe en sanglotant sur le fauteuil.*)

SCÈNE XIII

PERRUQUE-BLONDE, BIBI.

BIBI, *voyant pleurer sa mère.*

Maman!

PERRUQUE-BLONDE.

Toi!

BIBI.

Tu pleures... tu as du bobo?

PERRUQUE-BLONDE.

Oui...

BIBI.

Où ça?

PERRUQUE-BLONDE, *mettant la main sur son cœur.*

Là.

BIBI.

Faudra mettre un cataplasme.

PERRUQUE-BLONDE.

Écoute... on veut t'emmener d'ici! il faut te sauver.

BIBI.

Par où?

PERRUQUE-BLONDE.

Par la porte... Tu iras chez ma nourrice, à moi...

BIBI.

Comment, tu tétes encore... moi, plus... Où demeure-t-elle ta nourrice?

PERRUQUE-BLONDE.

Rue Taitbout.

BIBI.

Parbleu!

PERRUQUE-BLONDE.

Tu resteras là jusqu'à ce que j'aille te chercher... tu m'as comprise?

BIBI.

C'te bêtise!

PERRUQUE-BLONDE.

On vient. Rentre dans ta chambre. (*L'embrassant.*) Bibi!

BIBI.

Maman !

POIVREAU, *annonçant.*

V'là l' conducteur !

BIBI, *en sortant.*

Retirons-nous... les instants sont précieux. (*Il entre à droite.*)

SCÈNE XIV

PERRUQUE-BLONDE, VABONTRAIN.

VABONTRAIN.

Tu as pleuré ?

PERRUQUE-BLONDE.

Non !...

VABONTRAIN.

Si...

PERRUQUE-BLONDE,

C'est Bibi qui souffre...

VABONTRAIN.

D'où ?

PERRUQUE-BLONDE.

Il a mal au ventre.

VABONTRAIN.

Oui... ça court beaucoup... Tu sais, son père le reprend... il vient de me le dire.

PERRUQUE-BLONDE.

Vous le laisserez partir ?...

VABONTRAIN.

C'est son droit... sa femme y consent.

PERRUQUE-BLONDE.

Mais Bibi sera malheureux... il ne faut pas qu'il nous quitte.

VABONTRAIN, *soupçonneux.*

Tu l'aimes donc déjà bien ?

PERRUQUE-BLONDE.

Non... mais j'y suis habituée.

VABONTRAIN.

Depuis une heure ? (*A part.*) Ce n'est pas naturel.

PERRUQUE-BLONDE.

Mais enfin, si elle allait le battre, cette femme ; ce n'est pas son enfant, à elle...

VABONTRAIN.

Sois tranquille, il se revengera. D'ailleurs, la mère Machin n'est pas méchante au fond...

PERRUQUE-BLONDE.

Oui... le fond est bon... c'est la surface qui ne vaut pas cher...

VABONTRAIN.

D'ailleurs, un enfant, c'est une lourde responsabilité... il se fait grand... il commence à se sentir palpiter le cœur... il nous faudra veiller sur sa conduite... il est beau, trop beau même... s'il allait se faire enlever....

PERRUQUE-BLONDE.

Je serai là, moi... je me mettrai en travers.

VABONTRAIN.

Cela ne serait pas convenable.

PERRUQUE-BLONDE, *avec égarement.*

Mais je ne veux pas qu'il s'en aille, moi... mais on n'a pas le droit de me le reprendre...

VABONTRAIN, *avec éclat.*

Ah! ce cri du cœur! ! vous êtes la mère!...

PERRUQUE-BLONDE, *se jetant à genoux.*

Oui! coupez-moi le cou... je suis une pas grand'chose...

VABONTRAIN.

Relève-toi... tu es une noble femme.

PERRUQUE-BLONDE.

Non... laissez-moi vous raconter ma petite affaire... C'était le jour des Rois de 1856, par un hasard cruel, c'est lu. qui avait eu la fève... il la déposa dans mon verre... je fus reine.

VABONTRAIN.

Triste... triste... triste...

PERRUQUE-BLONDE.

Au mois de septembre suivant... Bibi venait au monde Ah! tenez, coupez-moi la tête... mais ne me méprisez pas...

VABONTRAIN.

Relève-toi, sainte et digne femme... ce que tu as fait est bien fait, et si tu ne l'avais pas fait, je te dirais, fais-le... mais ce qui est fait est fait... n'en parlons plus... ce qui est écrit est écrit... les petits ruisseaux font les grandes rivières... tant va la cruche à l'eau qu'à la fin elle se brise.. une goutte d'eau suffit pour faire déborder la coupe... mais un bienfait n'est jamais perdu... et le soleil luit pour tout le monde... Non, tu ne m'as pas trompé; c'est moi qui me suis trompé en croyant que tu ne me tromperais pas, mais je ne te trompe pas en t'assurant que je me suis trompé; deux et deux font quatre... il n'est pas pire eau que l'eau qui dort... quand on veut tuer son chien on dit qu'il est galeux... tout est bien qui finit bien... je t'ai juré aide et protection, ton fils et toi vous n'avez rien à craindre chez moi. As pas peur, ma caillou !

PERRUQUE-BLONDE.

Que pourrais-je faire pour vous prouver ma reconnaissance?

VABONTRAIN.

Va embrasser Bibi...

PERRUQUE-BLONDE.

Oh ! merci... vous n'êtes pas un homme.

VABONTRAIN.

Hein ?

PERRUQUE-BLONDE.

Vous êtes un envoyé du ciel.

VABONTRAIN.

Oui, je suis assez envoyé comme cela... As-tu les papiers de Bibi sur toi ?

PERRUQUE-BLONDE.

Oui ! je les ai...

VABONTRAIN.

Garde-les, il faut toujours avoir des papiers dans sa poche, on ne sait pas ce qui peut arriver. J'ai mon idée...

PERRUQUE-BLONDE.

Ainsi, vous me pardonnez, je ne vous parais pas un monstre, un phénomène.

VABONTRAIN.

Je n'ai qu'une chose à te dire... à ta place j'en aurais fait tout autant... peut-être plus !... (*En sortant.*) Je sais ce qu'il me reste à faire ! (*Sortie à l'orchestre.*)

RIDEAU.

TROISIÈME ET DERNIÈRE TRANCHE

Même jeu de scène que pour la seconde tranche, trois grands coups et trois petits coups, le rideau se lève sur le même décor et la voix sortant du trou du souffleur crie : De plus en plus comme au Gymnase...

SCÈNE XV

VABONTRAIN, POIVREAU, UN CLERC OBSCUR.

VABONTRAIN *est assis à la table de droite et consulte des papiers.*

POIVREAU, *annonçant.*

V'là l'clerc que vous avez demandé!

VABONTRAIN.

Qu'il entre... avec une bougie allumée...

POIVREAU.

Entrez... (*Entre le clerc tenant une bougie.*)

VABONTRAIN.

Vous connaissez toutes les obscurités de la loi?

POIVREAU, *désignant la bougie.*

Naturellement, puisqu'il éclaire .. de notaire...

VABONTRAIN.

Peut-on reconnaître un enfant?

LE CLERC.

L'avez-vous déjà vu, cet enfant?

VABONTRAIN.

Oui.

LE CLERC.

Alors vous le reconnaîtrez facilement... Avez-vous les trois actes?

VABONTRAIN.

Comment?

LE CLERC.

Oui, c'est au troisième acte que l'on reconnaît généralement, c'est indispensable... c'est l'habitude.

VABONTRAIN.

Allez-vous asseoir et griffonnez votre petite affaire, vous laisserez les noms en blanc.

LE CLERC.

Oui, ce sera plus lisible. (*Il va s'asseoir à la table de gauche et écrit.*)

VABONTRAIN.

Faites entrer Gustave. (*Gustave entre. — Musique d'entrée.*)

SCÈNE XVI

LES MÊMES, GUSTAVE.

GUSTAVE.

Vous me demandez ?

VABONTRAIN.

Veux-tu reconnaître ton enfant ?

GUSTAVE.

Oh ! vous savez, je manque complétement de reconnaissance.

VABONTRAIN, *à Poivreau.*

Fais venir ma femme. (*Poivreau ouvre la porte de droite, on introduit Perruque-Blonde. — Musique d'entrée.*)

SCÈNE XVII

LES MÊMES, PERRUQUE-BLONDE.

VABONTRAIN, *à Poivreau.*

Reste... (*A sa femme.*) Asseyons-nous. (*Ils sont assis. — Au clerc.*) Allez, lisez...

POIVREAU.

... Montmartre.

LE CLERC, *lisant d'une façon inintelligible.*

Par-devant maître patati patata poum, poum, la rifla fla fla, tradéridéra, on dira tout c'qu'on voudra, tam tam, ta ta ta ta, et cœtera et cœtera... le nom de l'enfant ?...

VABONTRAIN.

Bibi.

GUSTAVE, *surpris.*

Bibi !

LE CLERC.

Bibi, nous disons, Bibi, boum boum tarapata patapa, na na na na et cœtera et cœtera... le nom du papa ?

VABONTRAIN.

Inconnu...

LE CLERC.

Et de celui qui le reconnaît.

VABONTRAIN.

Jean-Sébastien Vabontrain, ancien soldat du train, conducteur de train.

GUSTAVE, *à part.*

Lui ! (*Haut à Vabontrain.*) Mais je suis son père.

VABONTRAIN.

Qu'est-ce qui le prouve ? (*Montrant l'acte de naissance de Bibi*) fils de père et de mère inconnus. La recherche de sa paternité est interdite...

LE CLERC, *écrivant.*

Vabontrain... triu tiu tin tiu, buvez la goutte, je paierai le médecin, zim la la boum comme j'ai le nez fin... c'est rudement bassin... Le nom de la mère ?

VABONTRAIN.

Inconnu.

LE CLERC, *écrivant.*

Inconnu tur lu tu tu chapeau pointu, ni vu ni connu j't'embrouille !

VABONTRAIN, *à Poivreau.*

Veux-tu être mon témoin ?

POIVREAU.

Moi... ah ! nom d'une chaudière, mon conducteur me fait l'avantage... Ah ! je dois être tout pâle d'émotion.

LE CLERC.

Vos noms ?

POIVREAU, *avec orgueil.*

Népomucène Poivreau, dit bois sans soif, chauffeur de la compagnie de l'Ouest, et graisseur de roues à votre service...

LE CLERC.

Le second témoin ?

VABONTRAIN.

Le voilà... Gustave dit Alphonse.

GUSTAVE.

Moi?...

LE CLERC, *écrivant.*

Trim trim trim, tum la la tum ta ra ta ta ta ta ta, là ça y est, il ne reste plus qu'à signer... Madame ?...

PERRUQUE-BLONDE, *signe, à Vabontrain.*

Je ne sais comment vous exprimer ma joie, mais... je ne vous en dis pas davantage.

VABONTRAIN.

La moitié de ça suffit (*Il signe.*)

LE CLERC, *à Poivreau.*

A vous...

POIVREAU, *au comble de la joie.*

Ah ! nom d'une chaudière... tant d'honneur à moi, mon conducteur... j'ose pas vous embrasser, mais je vais embrasser monsieur le clerc (*Il l'embrasse et le noircit.*) Seulement je ne sais pas signer...

LE CLERC.

Faites une croix.

POIVREAU.

Non, j'aime mieux un pâté, ça se verra de plus loin.

VABONTRAIN, *à Gustave.*

A vous ?...

GUSTAVE.

Mais...

VABONTRAIN.

Allons !

GUSTAVE, *il signe.*

Oh !

POIVREAU.

Vous, vous avez fait un pâté aussi... on va confondre nos deux signatures.

VABONTRAIN.

Merci... vous pouvez vous retirer... (*A Gustave*) reste.. (*Perruque-Blonde rentre dans sa chambre. Musique de sortie jusqu'à la fin de la scène.*)

LE CLERC, *en s'en allant.*

On peut souffler la chandelle ?

VABONTRAIN.

Oui. (*Le Clerc la souffle et la met dans sa poche.*)

POIVREAU, *le regardant.*

C'est son petit bénéfice. (*Ils sortent.*)

SCÈNE XVIII

VABONTRAIN, GUSTAVE.

VABONTRAIN.

A nous deux.

GUSTAVE.

Conducteur, si j'avais su.

VABONTRAIN.

Ah ! voilà le grand mot... si tu avais su... il fallait savoir... si tu avais su que cette femme deviendrait mère, et qu'en devenant mère elle aurait peut-être un enfant, qu'à cet enfant il faudrait un père, et que, pour avoir ce père, il faudrait que ce père ce fût moi, car me voilà le père de ton enfant. Si tu avais su... ah ! ça, tu ne sais donc rien... Qu'est-ce qu'on t'a donc appris à la mutuelle ?

GUSTAVE.

Conducteur !

VABONTRAIN.

Alphonse tu es... Alphonse tu resteras... ce nom que tu as pris sera le tien à l'avenir... tu vivras toujours parasite éhonté, sans famille et sans foyer... tes enfants seront les enfants d'un autre, tes femmes seront les femmes des autres... tu n'auras jamais rien à toi. Mais comme en somme tu ne prendras aux hommes que leur honneur et aux femmes que leur bonheur, on se contentera de t'appeler Alphonse; si tu leur prenais leur bourse, on t'appellerait filou...

GUSTAVE.

Conducteur!

VABONTRAIN.

Tais-toi. (*Gustave veut parler.*) Tiens, voici la mère Machin qui revient... Cache-toi, Alphonse.

GUSTAVE.

Conducteur!...

VABONTRAIN, *lui désignant la porte.*

Veux-tu cacher ça! (*Gustave se sauve.—Musique de sortie.*)

SCÈNE XIX·

VABONTRAIN, LA MÈRE MACHIN.

LA MÈRE MACHIN.

Je viens chercher mon fils.

VABONTRAIN.

Votre fils?

LA MÈRE MACHIN.

Eh bien! oui, quoi? Bibi, je viens d'aller le reconnaître.

VABONTRAIN.

Mais vous n'êtes pas sa mère?

LA MÈRE MACHIN.

Ah! bah! la loi n'y regarde pas de si près... Du reste, c'est une histoire bien cocasse. En revenant, je passe devant la mairie du premier, je monte au second, je frappe à la porte... toc... toc... Qui est-ce qui est là... c'est moi... Entrez... Pardon, c'est bien ici qu'on a déclaré, il y a dix-sept ans, un garçon du sexe masculin, répondant au nom de Bibi. Oui, murmure un employé qui consulte un registre, relié en veau, le registre... pas l'employé : Le nommé Bibi, père et mère inconnus. — Ecrivez : Anastasie Machin, c'est moi qui suis la maman; pardon d'être venue si tard, mais les affaires vont si mal. — C'est trente-neuf sous, me dit le garçon de bureau; j'en ai donné quarante, j'ai signé et voilà mon acte... Où est Bibi, que je l'emmène?

VABONTRAIN.

Impossible.

LA MÈRE MACHIN.

Bah!

VABONTRAIN.

C'est impossible, parce qu'il y a cinq minutes j'ai reconnu Bibi pour mon fils.

LA MÈRE MACHIN.

Comment, vous aussi, alors vous v'là son père et moi sa mère.. Eh bien ! c'est encore plus rigolo. J'ai bien entendu parler, dans le temps, du produit incestueux d'une carpe et d'un lapin, mais vrai, on mettrait ça dans *le Petit Journal,* on ne voudrait pas le croire... Si ma concierge savait ça ! un enfant à nous deux... Ah ! çà, dites donc... mon petit père... Ah ! non, que je suis bête, je m'en serais bien aperçue... Ah ! je n'en reviens pas... mais pourquoi n'avez-vous pas épousé la mère, vous ?

VABONTRAIN.

Elle était mariée.

LA MÈRE MACHIN.

Il n'y a donc pas que les cuisinières qui cascadent... les femmes mariées s'en mêlent. (*A part.*) Il y a quelque chose de louche là-dessous... (*Haut.*) C'est égal, après mon mariage vous viendrez nous voir ?

VABONTRAIN.

Vous vous mariez donc toujours?

LA MÈRE MACHIN.

Oui, je sais bien que je fais une boulette ; après tout, une de plus, une de moins. Et puis on ne s'en douterait pas, avec une bobine comme la mienne, j'ai un cœur... oh ! mais là un cœur, je crois que j'ai trop de santé... Dites donc, qu'est-ce que votre femme a dit en apprenant que vous aviez un fils ?

VABONTRAIN.

Elle a été très contente.

LA MÈRE MACHIN.

Ah ! (*A part.*) Décidément il faut que je sache de quoi il retourne. (*Haut.*) Il est quatre heures et demie, je ne voudrais pas vous faire manquer l'heure de votre train, est-ce que je ne pourrais pas embrasser notre enfant avant de partir.

VABONTRAIN.

Je vais vous l'amener. (*Il va à la porte de droite.— Musique de sortie.*)

SCÈNE XX

Les Mêmes, PERRUQUE-BLONDE, BIBI, *puis* GUSTAVE *et* POIVREAU.

LA MÈRE MACHIN, *à part.*

Tout cela c'est très joli, mais je ne sais pas pourquoi, je parie deux sous que cela n'est pas vrai... Bibi n'est pas le le fils de Vabontrain... c'est celui de Gustave et de Perruque-Blonde... Nous allons rire.

VABONTRAIN, *à Perruque-Blonde et à Bibi qui entrent.*

Venez, madame désire vous faire ses adieux.

PERRUQUE-BLONDE, *à Bibi.*

Dites bonjour à la dame.

BIBI.

Bonjour la dame, donne-moi un sou.

LA MÈRE MACHIN.

Est-il gentil ce crapaud-là... (*A part.*) J'ai mon truc pour savoir la vérité (*Haut.*) Je voudrais lui faire un petit cadeau à ce cher enfant... Bibi... va chercher le vélocipède qui est en bas... il est pour toi...

BIBI, *au comble de la joie.*

Un vélocipède à moi... ah ! vous avez une bonne bille... (*Il l'embrasse avec effusion.*) Je cours l'essayer... (*Il sort. On entend dégringoler dans l'escalier.*)

LA MÈRE MACHIN, *allant voir au fond.*

Ah ! le malheureux !.. il est tombé pile... il vient de se déboulonner la colonne vertébrale... — *Musique de danse jusqu'à la fin de l'acte.*)

PERRUQUE-BLONDE, *poussant un cri terrible.*

Ah !... Bibi.. déboulonné... (*Devenant folle.*) Tradéridéra tradéridéra. (*Elle danse et fait des contorsions.*)

LA MÈRE MACHIN, *avec éclat.*

Allons donc... c'est une frime, il ne s'est rien déboulonné. C'est vous qui êtes la mère.

GUSTAVE, *entrant en dansant et chantant.*

Amis, la mer est belle.
Tra la la la la.

VABONTRAIN.

Ah ! mon Dieu ! mais ils sont fous, tra la la la la. (*Il danse à son tour.*)

LA MÈRE MACHIN.

Oh ! la folie me gagne aussi, tra la la la. (*Elle danse.*)

BIBI, *entrant.*

Tiens ! un quadrille, j'en suis, la la la.

POIVREAU, *entrant.*

Le train de marée va démarrer.

TOUS, *dansant.*

Tra la la la la.

POIVREAU.

Eh quoi ! ils sont tous fous, et moi je ne deviendrais pas fou ; je m'en fiche, après tout. (*Il se met à danser.*)

TOUS, *dansant.*

Tradéridéra, la la la la. (*Ils s'arrêtent brusquement.*)

VABONTRAIN.

Ceci nous prouve, une fois de plus, qu'on peut être le père d'un enfant qu'on n'a jamais eu.

LA MÈRE MACHIN.

Avec un monsieur qu'on n'a pas connu.

PERRUQUE-BLONDE.

Et que, malgré toute ma vertu, sans le vouloir, j'ai fait mon mari....

BIBI.

Tur lu tutu chapeau pointu. (*Il pousse Gustave qui est resté rêveur à l'avant-scène.*)

GUSTAVE, *sortant de sa stupeur et se mettant en garde.*

Le premier qui me touche !

TOUS, *reprenant la danse macabre.*

Tra la la la la.

FIN.

Paris. — Imprimé chez Alcan-Lévy.

Paris. — Imprimerie Alcan-Lévy 61, rue de Lafayette

www.ingramcontent.com/pod-product-compliance
Lightning Source LLC
LaVergne TN
LVHW020304230826
846091LV00006B/2520
9782329364902